CUENTA ESTRELLAS

RICARDO ALCÁNTARA SGARB

CUENTA ESTRELLAS

Ilustraciones de María Rius

EDITORIAL JUVENTUD, S.A.
PROVENZA, 101 - BARCELONA

© Ricardo Alcántara, 1986
 EDITORIAL JUVENTUD, 1986
 Provenza, 101 - 08029 Barcelona
Tercera edición, 1996
Depósito Legal: B. 33.605-1996
ISBN 84-261-2146-2
Núm. de edición de E. J.: 9.357
Impreso en España - Printed in Spain
EDIM, S. C. C. L. Badajoz, 145 - 08018 Barcelona

JACINTO Y EL RAYO

*Es imposible coger
los sueños,
al menos con
las manos.*

Para Gemma Castillo

A primeras horas de la tarde, después de la comida, el pueblo quedaba silencioso y quieto, como si los pájaros, el viento y los árboles también durmiesen la siesta.

Ése era el momento del día que menos le gustaba a Jacinto.

Si bien es verdad que al chiquillo ya no le obligaban a meterse en la cama. Conque se estuviese en la habitación sin hacer ruido era suficiente.

¡Pero qué difícil le resultaba permanecer encerrado durante tanto tiempo! Desde la ventana miraba el río y le parecía que sus aguas, cubiertas de resplandor, le convidaban a jugar.

De buena gana se desnudaría y bajaría corriendo a darse una zambullida. Pero si su madre le pillaba, seguro que nadie le salvaba del castigo. Así que prefería dejar de mirar el río para pensar en otras cosas.

Daba vueltas y más vueltas por la habitación mientras pensaba.

¡Qué lata! Todos los juegos que se le ocurrían, para que fuesen divertidos necesitaban un poco de ruido y alboroto.

Siempre sucedía lo mismo, y finalmente, refunfuñando, se sentaba sobre la cama, con las piernas cruzadas, y esperaba el momento de poder salir a corretear por el campo.

Y cierta vez, mientras aguardaba, sus ojos se toparon con el rayo de sol que, cada tarde, solía entrar por la ventana.

Jacinto se lo quedó mirando. También estaba solo, y sin embargo no tenía aspecto de aburrido.

Lentamente, puesto que aún no eran amigos, el niño se le acercó. Cuando estuvo más o menos cerca se detuvo: no quería asustarlo.

Como el rayo descansaba en el suelo, Jacinto también se sentó.

Quedaron frente a frente en silencio.

El chiquillo no dejaba de mirarlo. Le gustaba el color que tenía y la luz que mostraba.

Al estar así tan cerca observándolo atentamente, notó que el rayo de sol hacía volar por el aire bolitas

muy pequeñas, suaves y sin peso, como el polvo.

«¿Cómo lo haría?», se preguntaba el chiquillo. Y concluyó que seguramente era soplando muy despacio.

Esto le entusiasmó tanto a Jacinto, que también se puso a soplar. Y los dos estuvieron un buen rato haciendo bailar las diminutas bolitas.

El niño sólo paró al sentirse mareado. Descansaría un momento y luego continuaría, pues aquello le hacía gracia. Miró el rayo de sol para decírselo y entonces se dio cuenta de que tenía un nuevo amigo.

De un salto se puso en pie y tuvo que hacer bastante esfuerzo para hablar bajo.

De pronto le habían venido ganas de contarle muchas cosas al rayo, lo cual únicamente hacía con quien le caía muy simpático.

Como el rayo, aunque nada decía, parecía muy atento, el chiquillo se animaba a seguir hablando.

—¡Ven! —dijo el pequeño interrumpiendo su relato, y estiró la mano para cogerlo y llevarlo hacia el armario y mostrarle unas cosas que tenía guardadas.

Pero el rayo no se dejó coger.

Jacinto lo miró extrañado. No lo entendía. Creía que ya eran amigos.

Volvió a intentarlo y... nada. En cuanto el niño acercaba su mano, el rayo, rápidamente, se le escapaba por entre los dedos.

—No quiero hacerte daño —le dijo muy serio—. ¿Es que no confías en mí?

El rayo se quedó muy quieto, como si estuviera pensando. Pero, al parecer, las palabras de Jacinto no conseguían convencerle, pues cada vez que le extendía su mano, el rayo la rechazaba.

Tantas veces lo intentó sin resultado, que acabó por sentirse triste y decepcionado.

Con pasitos cortos y la cabeza agachada se alejó de la ventana.

Hojeó un par de tebeos. Se colgó la espada. Llenó sus bolsillos de canicas. Y todo lo hizo de espaldas al rayo.

Pero no conseguía dejar de preguntarse: «¿Por qué se escapa?»

Tantas veces se hizo la misma pregunta sin poder responderla, que decidió sentarse en un rincón, de cara al rayo, como si mirándolo fuese más fácil entender el porqué.

Así estuvo un buen rato, sin quitarle los ojos de encima ni desviar la mirada. Y estaba convencido de que el rayo pensaba.

Entonces, Jacinto se puso a imitarlo: apoyó la cabeza en la mano, se rascó la oreja y cerró los ojos.

En ese momento se llevó la gran sorpresa, pues con los ojos cerrados seguía viendo el rayo. Y éste lucía igual de espléndido. Su brillo continuaba siendo intenso, y su color, semejante al del melocotón maduro, resultaba delicioso.

—¡Oh! —exclamó el chiquillo al darse cuenta de que el rayo se había dejado coger por sus ojos.

No se animaba a abrirlos por temor a que escapara. Pero al recordar que para ser amigo es preciso confiar, los abrió lentamente. Y los volvió a cerrar. Cada vez que lo hacía continuaba viendo el rayo.

Ahora Jacinto estaba seguro de que eran amigos.

Al cabo de un rato, el rayo tuvo que marcharse. Jacinto lo despidió sonriente, pues sabía que al día siguiente volvería, a no ser que alguna nube lo retuviera o que la lluvia le impidiese salir.

—Sé que en cuanto puedas volverás... —susurró el chiquillo mientras lo veía alejarse.

LA CACATÚA, LA RANA
Y EL PEZ

Más allá del horizonte
el mar sigue siendo
azul e inmenso.

Para Maribel Badillo

Los animales del bosque estaban muy contentos, pues habían sido invitados a una gran fiesta de carnaval. De tan entusiasmados, no hablaban de otra cosa. Pensaban pasárselo en grande y divertirse a más no poder.

A Nicasia —la cacatúa— la habían convidado para cantar en la fiesta. Y ella, agradecida y satisfecha, había aceptado.

Pero como no deseaba hacer un mal papel, sino todo lo contrario, no paraba de ensayar la canción. La sabía de memoria y, a decir verdad, le salía muy bien.

—No cantes tanto; te quedarás ronca —le decían

11

los otros animales al verla así de concentrada en su música.

Nicasia los miraba y sonreía sin decir esta boca es mía. Prefería hablar lo menos posible para cuidarse la garganta. Y bebía bastante agua para tener la voz más clara. Por lo demás, continuaba su vida normal. Despertaba muy temprano, poco después de salir el sol, comía unas cuantas frutas y a paso más o menos rápido se iba hacia el estanque donde vivían Belinda —la rana— y Felicio —el pequeño pez.

Nicasia, Belinda y Felicio eran muy amigos y solían jugar juntos, pero ahora la cacatúa no tenía tiempo para jugar, pues se pasaba el día cantando.

Sus amigos le escuchaban muy atentos, y si en alguna parte desafinaba, la mandaban parar. Ella se lo agradecía, y con un gesto intentaba explicarles que eran los nervios, que le jugaban una mala pasada. Y sin pérdida de tiempo reanudaba el canto.

Tan ensimismada estaba ensayando, que no se daba cuenta de nada. No notaba siquiera la lánguida mirada de sus camaradas, que por más que se esforzasen en disimularlo era evidente que les pasaba algo.

A Belinda se la veía muy preocupada. Y no era para menos. Ella había sido elegida para el desfile de disfraces y la pobre no tenía ni un harapo que ponerse.

Felicio, por su parte, estaba tan triste que casi no nadaba. Él también quería ir a la fiesta. «¿Pero cómo

—se preguntaba—, si los peces no podemos salirnos del agua?»

Y se cuidaban de no comentar sus sinsabores para no aguarle la fiesta a Nicasia. Por nada del mundo querían estropearle su ilusión.

Lejos estaban de suponer, la rana y el pez, lo que iba a ocurrir.

Sucedió que mientras dormían y sin que nadie lo esperase, de las montañas nevadas bajó una brisa helada que cogió a Nicasia destapada. Sin embargo, eso no fue lo peor. Por causa del frío le vino un hipo difícil de curar. ¡Y faltaba tan sólo un día para la fiesta de carnaval!

Nicasia estaba desconsolada.

—Así no podré, hip, cantar —repetía una y otra vez.

Sus amigos la miraban apenados sin saber qué decir para animarla.

—No iré a la, hip, fiesta —dijo Nicasia, y se puso a llorar.

Derramó tantas lágrimas que se mojó todo el pico.

—Yo tampoco iré —respondió Belinda—, pues no tengo disfraz.

—Ni yo —agregó el pez—, puesto que fuera del agua no puedo respirar.

Y Nicasia, como si no les oyera, continuaba con cara compungida.

Todas las tentativas por parte de Felicio y Belinda para hacer que la cacatúa cambiase de cara acababan fracasando. Le contaban cuentos y chistes y le hacían imitaciones divertidas. A Nicasia nada le alegraba. Estaba con el ánimo por los suelos.

—¿Y si probásemos a darle un susto? —sugirió el pez.

La rana guiñó un ojo y asintió con la cabeza. Inmediatamente, sin más demora, le dieron un susto de miedo. Tan espantoso, que la cacatúa quedó pálida y temblorosa. Hasta casi se desmaya.

Cuando por fin reaccionó y pudo hablar, regañó a sus amigos. Estaba realmente enfadada. Les dijo que no repitiesen esa broma pesada.

Era tan grande el malhumor, que no se daba cuenta que el hipo había pasado. Sus amigos se lo hicieron notar. Entonces ella, avergonzada por haberlos tratado tan mal, se disculpó y los abrazó para demostrarles su agradecimiento.

Y al cabo de un momento, después de beber un poco de agua, volvió a ensayar la canción. Pero al llegar a la segunda estrofa se detuvo. Permaneció un buen rato pensativa y cabizbaja.

«¿Qué le pasará?», se preguntaba el pez.

«¿Habrá olvidado la canción?», se decía la rana.

Pero ambos estaban equivocados. Nicasia, por fin, se había dado cuenta del problema de sus amigos. Y por fortuna no tardó en hallarle solución.

Se quitó tres plumas de la cola, las más bonitas que vio, y se las ató, con mucho esmero, a Belinda en el cuello.

Las plumas le cubrían el cuerpo y le arrastraban por los lados y por atrás. La rana estaba preciosa con su disfraz.

Nicasia la miró con aire satisfecho y luego se fue volando. Iba a buscar algo más.

Volvió casi al momento. Regresó jadeante a causa del carrerón. Traía un frasco de vidrio transparente. Lo lavó, lo llenó de agua y le dijo a Felicio que se metiera dentro.

El pez, sin entender de qué se trataba, se apresuró a obedecerla.

Nicasia cogió el frasco y se lo ató, con un lazo rojo, a la rana en la cabeza a modo de sombrero.

Felicio y Belinda, cuando por fin comprendieron el plan de Nicasia, quedaron admirados con la astucia de la cacatúa.

Los problemas habían sido solucionados. ¡Los tres podían ir a la fiesta! La cual resultó todo un éxito. Estuvo tan concurrida, que los últimos en llegar casi se quedan sin poder entrar por falta de sitio.

Nicasia, aunque se sentía algo nerviosa, cantó muy bien. Tanto, que los animales le hicieron repetir varias veces la canción.

Belinda, por su parte, llamó la atención con su bonito disfraz. Durante el desfile la aplaudieron mucho, cosa que a ella la emocionó.

Y Felicio, de contento que estaba, no conseguía dejar de sonreír. Entre tantos animales, él era el único pez. Y aunque al principio parecía imposible

que pudiese abandonar el estanque, lo cierto es que
él estaba allí.

Nicasia, Felicio y Belinda, cuando la noche comenzaba a apagar sus estrellas, comentaron que no recor-
daban habérselo pasado tan bien.

¡Y LLEGÓ EL INVIERNO!

*La luz que entra
por la ventana
es la mano del día
convidándote a jugar.*

Para Oriol Vidal

Para aquel año, el Verano, con sus días cálidos, se había quedado más de la cuenta y parecía no sentir deseos de marcharse del pueblo.

Para los niños era una verdadera alegría despertarse y toparse con los vigorosos rayos de sol colándose por las ventanas. Eso significaba que podían seguir correteando descalzos por los campos, tendidos a la sombra de los naranjos mientras descansaban y recobraban aliento para iniciar la próxima carrera.

Hasta que cierto atardecer aparecieron, junto a las primeras sombras, enormes nubes obscuras que en poco tiempo cubrieron el cielo por completo.

No tardaron en hacerse notar los truenos y los relámpagos que anunciaban tormenta. Y poco después la lluvia empezó a caer.

19

Llovió durante tres días seguidos. Cuando las nubes vaciaron toda el agua que llevaban dentro, se marcharon en caravana, dejando el cielo despejado.

Los niños, con la nariz pegada a los cristales de las ventanas, veían con gusto como el buen tiempo volvía a posarse sobre el pueblo.

De no ser porque la tierra estaba empapada y ya era algo tarde, habrían salido en seguida a jugar. Pero al día siguiente, bien temprano, volverían a corretear por los campos y a zambullirse en el río.

Eso era lo que ellos planeaban, y con esa idea se metieron en la cama.

El sueño pronto les cerró los ojos y se durmieron profundamente. Tanto, que ni siquiera notaron cuando, pasada la medianoche, el Invierno comenzó a desparramar por doquier copos de nieve para avisar que había llegado antes de lo previsto.

Dejó caer tal cantidad de nieve, que el paisaje amaneció convertido en una extensa mancha blanca.

Los niños, al ver aquello, se sintieron contrariados, pues los planes que habían hecho se les iban por tierra.

Metidos dentro de gruesos jerseys, con coloridas bufandas dándoles vueltas por el cuello y las manos protegidas en los bolsillos, los pequeños, desde las ventanas, miraban la mala pasada que les había hecho el Invierno.

—¡Vete! —le gritaban—. ¡A ti no te queremos! ¡A nosotros nos gusta el Verano!

El Invierno, al oír los gritos, pensó que los niños festejaban su llegada. Eso le produjo satisfacción, así que decidió acercarse a una ventana para saber qué le decían los chiquillos.

—¡Vete! ¡A ti no te queremos! ¡A nosotros nos gusta el Verano!

En todas partes repetían lo mismo. Por lo visto, su visita no alegraba a nadie. Deseaban que se marchara.

Tanta tristeza sintió el Invierno, que ya no tiró más nieve. Ni siquiera tenía fuerzas para inflar sus mejillas y soplar.

Dio un salto y se sentó en una nube.

Desde lo alto se estuvo un buen rato mirando el paisaje mientras pensaba.

Después de darle muchas vueltas concluyó que no podía quedarse en un lugar donde no lo querían.

Así que, bastante apenado, decidió marcharse.

Lentamente bajó de la nube y sin prisas atravesó los campos nevados rumbo a las montañas.

No sabía qué hacer. De momento despejaría el cielo para que el sol alumbrase más, y se llevaría el frío consigo.

Visitaría otro pueblo, o viajaría hacia otro país, o permanecería un tiempo en las montañas.

Andaba indeciso y cabizbajo. Tan metido en sus pensamientos, que no vio al oso que sonriente le saludaba.

—¡Buenos días! —dijo el animal—. Menos mal

que has llegado. Tenía ganas de meterme en la cueva y estarme dormido unas cuantas semanas.

—Lamento desilusionarte —respondió el apenado Invierno—. Así como he venido me voy.

—¿Y eso por qué? —preguntó el oso, dejando caer las provisiones que llevaba entre los brazos.

El Invierno le contó lo que le había sucedido y la decisión que había tomado.

El oso, dándose cuenta de que si el calor volvía él no podría meterse en la cueva y dormir, pensó que tenía que hacer algo.

Como conocía muy bien a los niños, sabía que si éstos tenían con qué divertirse dejarían el mal humor de lado.

El oso tuvo una idea, y sin pensárselo dos veces le pidió al Invierno que lo acompañara.

El Invierno, al principio, se negó. Luego acabó yendo junto al oso hasta las cercanías del pueblo.

Lo que entonces vio y oyó le pareció tan insólito que le costó creerlo: grupos de niños, con la cara radiante y la risa abriéndoles la boca, se perseguían y se lanzaban bolas de nieve en divertido combate. Otros se entretenían construyendo hombres de nieve muy grandes. Algunos preferían patinar sobre el lago. Y al parecer todos se lo pasaban en grande.

—Si te marchas —dijo el oso—, los niños se llevarán un disgusto.

—Es que ellos me gritaron que les gustaba más el Verano.

—Debe de ser que les pillaste por sorpresa. Seguro que ahora no te cambiarían por nada.

Al Invierno se le hincharon las mejillas. Dio una voltereta por el aire y resopló tan fuerte que la nieve bailoteó sobre los tejados. En un santiamén estuvo nuevamente instalado en el pueblo.

Se sentía dichoso al ver que los niños disfrutaban tanto.

El oso, que no le perdía pisada, al darse cuenta de que su amigo permanecería por aquellos parajes una buena temporada, dio la vuelta y emprendió el regreso.

Se sentía cansado y los ojos se le cerraban; por eso andaba muy rápido. Deseaba llegar a su cueva cuanto antes y disfrutar del Invierno a su aire.

¡NO LLORES!

Si la noche no fuese obscura,
no podríamos ver la luna
ni las estrellas.

Para María Font

—¡No llores! —le susurraba el viento mientras la mecía suavemente intentando adormecerla.

Pero la pequeña nube seguía lloviendo y lloviendo.

—No llores —le pedía el sol, y encendía el cielo con luces y colores buscando distraerla.

Era inútil: de la nube seguían cayendo gotas transparentes cargadas de pena.

—No llores —gritaban las montañas a lo lejos con voz estridente para que ella las oyera, y, veces, hasta hacían resonar el eco; entonces le explicaban que se trataba de un juego, animándola a que fuese a divertirse con ellas.

La pequeña no decía una sola palabra. Permanecía quieta y recogida. A nadie le comentaba el miedo que sentía de estar sola en un lugar tan alto. Sus compañeras —unas nubes extensas y abultadas— se habían marchado tras la tormenta rumbo a otros parajes. Y ella, demasiado pequeña para recorrer grandes distancias, se había quedado allí, solitaria y desamparada.

Agradecía al viento, al sol y a las montañas sus demostraciones de afecto, pero a pesar de ello no conseguía consolarse.

Por eso la nubecilla no cesaba de llover aunque el día fuese soleado o la noche despejada y rica en estrellas.

Se estaba muy quieta y, en silencio, dejaba caer gota tras gota.

Y como no se movía, su fina lluvia caía siempre en el mismo lugar: sobre una aldea de pocas casas, todas ellas viejas y maltrechas.

Sus moradores, campesinos humildes que vivían de la tierra, no podían explicarse el extraño fenómeno. Les resultaba difícil entender por qué en esa época del año la pequeña nube les regalaba una lluvia apacible y persistente. Lo que más les asombraba era que el sol luciera vigoroso, que el cielo fuese de un color azul celeste y que no hubiera ningún indicio de tormenta.

Aunque no conseguían comprenderlo, no por eso dejaron de ponerse contentos, pues la lluvia le haría muy bien a la cosecha.

Pero a partir del quinto día de un tiempo que no escampaba, cuando la tierra ya daba señales de estar mojada lo suficiente, el rostro de los campesinos no se mostraba tan alegre.

Comenzaban a temer por sus cultivos. Sólo de pensar que podrían perderlos se les fruncía el ceño.

En el pueblo ya no se hablaba de otra cosa, y la mirada de todos estaba pendiente del cielo.

También Eulalia pasaba largos ratos con su cabecita inclinada hacia atrás observando la nube. La niña, acostumbrada a quedarse sola mientras sus padres trabajaban en el campo, comprendía la tristeza de la pequeña nube, y le daba pena. Pero por mucho que lo pensaba no conseguía hallar la forma de ayudarla.

Hasta que de pronto, como surgen las ideas cuando quieren cogernos por sorpresa, a Eulalia se le ocurrió algo. Lamentablemente, ya estaba en la cama, y a esas horas en que todo está tan obscuro no la dejaban salir.

«¡Lo haré mañana bien temprano!», pensó satisfecha mientras se volvía de lado, mecida por el sueño.

Al día siguiente, poco después de que el sol se levantara, en cuanto sus padres se marcharon, la niña salió de la casa cargada de un hatillo.

Se detuvo junto al pozo y rápidamente deshizo el hatillo. Cogió el papel y los leños que había dentro y los dispuso para hacer con ellos una hoguera.

Le costó bastante esfuerzo prender fuego, a pesar de que la lluvia era muy débil. Fue preciso soplar bastante para que los leños ardieran.

Cuando las llamas se irguieron altas y espléndidas, Eulalia salió en busca de ramas con hojas verdes. Al

echarlas sobre el fuego soltaron un humo blanco y espeso.

Entonces, tapando y destapando la hoguera con una manta, como solían hacerlo los indios para enviar señales, consiguió formar con el humo gran cantidad de nubes redondas y suaves.

Las nubes de humo se elevaron balanceándose; parecían globos con prisa por llegar muy alto.

Subieron y subieron, una tras otra, hasta colocarse muy cerca de la nubecilla que llovía, y allí se detuvieron, permaneciendo un momento inmóviles, como si estuviesen mirándose o comentando alguna cosa.

Lo cierto es que casi en seguida paró de llover. Es más, posiblemente movidas por el viento, o por la alegría, todas las nubes, como si de una bandada de pájaros se tratara, comenzaron a dar volteretas por el cielo, y así estuvieron un rato.

Eulalia, con una mano sobre la frente, se las quedó mirando hasta que el sol, al colocarse muy alto, justo sobre su cabeza, le indicó que era la hora en que sus padres regresaban.

La niña dio media vuelta y salió corriendo, pues hacía mucho rato que no les veía y sentía ganas de estar con ellos.

COSA DE CHIQUILLOS

Existe todo aquello
en lo que tú crees.

Para Gerard Celaya

Laikela —la pequeña duende— se lo estuvo pensando casi toda la noche. Y por fin, al romper el alba, decidió ir a la ciudad. Quería ver de cerca a quienes aseguraban que los duendes, las brujas y las hadas son cosas de chiquillos. Ya se encargaría ella de demostrarles lo equivocados que estaban.

Laikela se puso su toca de purpurina y su capa de seda. Bebió tres gotas de rocío para saciar el hambre. Cogió su cesta e inició la marcha hacia la ciudad.

De buena gana hubiese hecho varias veces alto en el camino para contemplar el paisaje. A lo sumo aminoraba un poco el paso. Pero como no quería demorarse demasiado, pasaba de largo.

La noche comenzaba a insinuarse sobre los árboles y Laikela aún no había llegado.

Entró en la ciudad cuando las calles ya estaban desiertas y varias ventanas lucían iluminadas.

Después de dar un corto paseo se introdujo en una casa apagada y silenciosa, como si allí no hubiese nadie.

Laikela fue recorriendo habitación tras habitación, hasta que encontró a un señor algo mayor, con su gorro de dormir y su camisón blanco, que daba vueltas en la cama de un lado a otro mientras gemía en voz baja:

—¡Pobre de mí! ¡El sueño no quiere venir!

La expresión se le iluminó a la pequeña. De un salto subió a la cama y se sentó sobre la almohada, junto a la cabeza del hombre que se lamentaba:

—¡Pobre de mí! ¡El sueño no quiere venir!

—Cuenta estrellas... —le propuso la duendecilla susurrándole al oído.

El hombre, como respuesta, soltó tal manotazo, que si Laikela no hubiese sido tan ágil, le habría hecho daño.

«Bueno —pensó la pequeña—, creo que será mejor marcharme. Con una persona así no hay quien hable.» Y salió de la casa.

Decidió andar un poco antes de volver a intentar nada.

Caminaba guiada por el resplandor de la luna, cuando oyó un sollozo, muy quedo, que le llamó la atención.

Se detuvo. Inmediatamente descubrió de dónde provenía y, sin dudarlo un momento, se propuso averiguar quién sollozaba.

Una niña de cabellos rubios, ropa muy gastada y pies descalzos, en la soledad de un rincón, dejaba caer sus lágrimas.

La chiquilla tenía puestas las manos sobre los labios para que nadie la oyera. Pero Laikela pudo oírla.

—¿Qué te pasa? —preguntó con voz amistosa.

La niña, limpiándose las mejillas con la manga del vestido, se lo contó.

—No te preocupes —dijo la pequeña duende—. Yo te ayudaré.

Y sin tiempo siquiera para pestañear, la niña se encontró vestida, calzada y peinada como para ir a una fiesta. ¡Sí, ya podía ir a la fiesta!

Corrió hacia la cocina para enseñarle a su madre lo bonita que estaba y lo feliz que se sentía.

La mujer dejó de lavar los platos y se volvió. Secándose las manos en el delantal, miró a la niña con el ceño fruncido, sin decir una sola palabra.

—¡Mírame, mamá! —exclamó la chiquilla cogiéndose la falda y dando vueltas como si bailase.

—¿De dónde lo has sacado?

—Una duende me lo dio.

—¡Embustera! —chilló la mujer, y las mejillas se le encendieron—. ¡Dime la verdad, o te castigaré!

Laikela intentó interceder en favor de la chiquilla. Por todos los medios posibles trató de que la mujer la mirase. Pero fue inútil. La madre de la chiquilla no paraba de gritar la misma pregunta:

—¿De dónde lo has sacado? —Y se ponía cada vez más nerviosa.

Como la niña insistía en que había sido una duende quien se lo había dado, su madre, como escarmiento, la obligó a quitarse el vestido y los zapatos y los echó al fuego. Luego la mandó a su cuarto y le advirtió que allí se quedaría encerrada tres días, castigada por decir mentiras.

La niña cerró la puerta y se acurrucó, con la cabeza escondida entre los brazos.

Laikela permanecía en silencio, sin saber qué decirle para consolarla. Estuvo acariciándole el cabello hasta que la niña, asomando ligeramente el rostro, dijo:

—No te preocupes. Se le pasará.

Laikela asintió con un gesto. Movió suavemente la mano en señal de saludo y se marchó.

Comenzaba a dudar de que fuese una buena idea el haber venido a la ciudad.

«La gente aquí es muy rara —pensaba la duendecilla—. Sólo cree en lo que ve y sólo ve lo que quiere. ¿Cómo puedo demostrarles que los duendes existen si no me hacen caso?»

A pesar de ello no se desanimó y volvió a intentarlo una y otra vez. Pero siempre con igual suerte.

Aunque Laikela se les posase sobre la nariz, caminase sobre su frente, tironease de sus ropas, les desordenase las cejas, les hablase al oído o saltase delante de sus pasos, ellos eran incapaces de advertir su presencia. Estaban demasiado seguros de que los duendes eran cosa de chiquillos y no deseaban cambiar de opinión.

Laikela lo comprendió y decidió marcharse. Echó una última ojeada y comenzó a andar.

Estaba a punto de abandonar la ciudad, cuando se le ocurrió algo. Rápidamente trepó hasta un balcón muy alto y se puso a cantar una canción que hablaba del reino de la fantasía y cuyas estrofas decían que allí nada es de nadie, pues todo es de todos, o del que lo quiera usar.

Laikela aspiró hondo para disfrutar de la fragancia del amanecer, y luego se marchó.

Partió junto con los primeros destellos del alba.

Aquel día, en la ciudad no se habló de otra cosa. Todos estaban intrigados. No conseguían comprender por qué los niños se habían despertado tan temprano.

—Es como si algo les hubiese asustado —comentaban.

—¡Qué va! —se explicaban los entusiasmados pequeños—. Es que ha venido una duende a visitarnos y al oír sus canciones nos hemos levantado.

—No hay que hacerles caso —argumentaban los mayores sonriendo de lado y entornando los párpados—. Es... cosa de chiquillos.

LA HIENA

Si la risa —que es tan juguetona—
se esconde de ti o escapa de tu boca,
no dejes que se marche demasiado lejos,
pues puede perder el sendero de regreso.

Para Alejandro Alvarez

Sus amigos —los otros animales de la selva— le insistieron tanto, se lo repitieron tantas veces, que al fin la hiena acabó por creer que estaba equivocada; sus compañeros tenían razón y a ella sólo le quedaba una salida: cambiar.

—La vida que has llevado hasta ahora es muy poco seria —se decía a sí misma mirándose reflejada en las aguas cristalinas—. ¡Es preciso que cambies! ¡Que te conviertas en alguien de provecho! Tú sólo piensas en divertirte. Sólo te interesa comer bien, dormir mucho y reír a tus anchas. ¿Crees acaso que eso es vivir? Si no cambias, tu futuro será espantoso. Haz caso a tus amigos y ponte a trabajar.

Dicho esto, dio la media vuelta. Con andar pausado y expresión de animal respetable se puso en marcha hacia su nueva vida.

Aún no sabía a qué tarea podría dedicarse, por lo que, siguiendo el consejo de sus amigos, fue hacia el gran hormiguero para preguntarles a las hormigas si podrían orientarla.

Al llegar las saludó cortésmente. Pero los negros animalitos estaban tan ocupados transportando sus cargas, que no le respondieron. Quizá ni la escucharon, de tan enfrascados que estaban en su tarea.

Sin abandonar la calma, la hiena volvió a saludar, perdiendo incluso la cuenta de las veces que debió repetirlo para que le hicieran caso. Entonces, una hormiga preguntó:

—¿Qué quieres? ¿Acaso no sabes que en horas de trabajo no se puede molestar?

—Lo siento —respondió la hiena, algo entrecortada—. Puedo esperar a que terminéis.

—Ahora que ya me has interrumpido, puedes decirme lo que quieres. Sin extenderte demasiado, por favor.

—Es que deseo trabajar y no sé en qué. Tal vez vosotras podríais ayudarme a escoger alguna ocupación.

—¡Oh! Tratándose de eso, puedes contar con nosotras —dijo la hormiga amablemente. Y lo repitieron otra y otra hormiga. Y el hormiguero en pleno, al oír las palabras de la hiena, acudió a saludarla y a colaborar en todo lo posible para que el ocioso animal encontrase una tarea de responsabilidad.

Hasta la reina compareció y charló con la hiena.

Incluso la invitó a permanecer un tiempo junto a ellas. Observándolas, aprendería muchas cosas: organización, laboriosidad, disciplina...

La hiena aceptó encantada, pues éstas eran cosas de las cuales no tenía ni idea, y pensó que un período de preparación antes de empezar a trabajar podía ser muy productivo.

A partir del día siguiente, y como observadora, participó de todas las actividades de las hormigas.

Cuanto más las miraba, más las admiraba. Le parecía imposible el peso que podían llegar a levantar. Las enormes distancias que recorrían sin cansarse. El tiempo que pasaban sin hablar.

Sin embargo, había algo en ellas que a la hiena le resultaba extraño, aunque no podía precisar qué era. Y como no consiguió descubrirlo en seguida, decidió dejarlo de lado, pues no quería que esos pensamientos la distrajesen del aprendizaje.

La hiena había cambiado tanto, que sus amigos, al verla, se quedaban impresionados. El animal se mostraba reposado, circunspecto, aplicado, y tan serio, que algunos le preguntaban si no se encontraba bien. Y así continuó hasta que la hormiga reina la mandó llamar. Cuando estuvieron frente a frente, le dijo:

—Has hecho grandes esfuerzos, lo sé. Rápidamente aprendiste todo lo que te podíamos enseñar. Ya no es necesario que continúes con nosotras. Ha llegado el momento de buscarte una ocupación. Tengo una lista muy larga...

Pero la hiena ya no la oyó. No por desatenta, sino a causa de su emoción. Y es que jamás le habían dicho palabras semejantes. Sus compañeros vivían riñéndola, metiéndose con ella, dándole consejos y sermoneándola. Por primera vez, alguien no la criticaba, y hasta decía cosas a su favor.

Cuando la hormiga calló, la hiena salió de sus cavilaciones y sólo entonces notó que se había perdido la mitad del discurso.

«Qué pena —pensó—. Una vez que me elogian, y yo me distraigo.»

Pero no se preocupó demasiado. ¡Estaba tan contenta! Se sentía tan agradecida, que necesitaba demostrarlo. Quiso darle un abrazo a la reina, pero, al verla tan pequeñita, se quedó con las ganas por temor a hacerle daño. Y no llevaba nada encima que pudiese regalarle.

—¡Ya está! —exclamó de pronto con un grito.

La hormiga reina, sobresaltada, la miró de reojo.

—¡Os prepararé una fiesta! ¡Seréis mis invitadas!

La hormiga no quería aceptar de ninguna manera, pero la hiena insistió tanto, que acabó convenciéndola.

—De acuerdo —dijo.

—¡Daremos la fiesta mañana! ¡Comenzará con la puesta del sol!

Saludó y se fue muy apresurada para ocuparse de los preparativos.

Era poco más de media tarde y ya lo tenía todo

listo. Había trabajado mucho y sin descanso. Nadie la había ayudado. Quiso ser ella misma la que se ocupase de todo.

En cuanto el sol se acercó al horizonte, la orquesta —formada por grillos, aves-lira y cigarras— comenzó a tocar. Hacían una música tan alegre, que invitaba a bailar.

Quizás advertidos por el sol que se ocultaba, o por los acordes de la orquesta que resonaba entre los árboles, los animales no se hicieron esperar. Llegaban de todas partes y con aspecto inmejorable.

Las últimas en aparecer fueron las hormigas. Venían en fila india y tan serias, que la hiena, al verlas, temió que les hubiese pasado algo grave. Para salir de dudas, se acercó a la reina y se lo preguntó.

—No —respondió la hormiga—. Es que no estamos acostumbradas a este tipo de reuniones. Nuestro tiempo lo empleamos en otras cosas; en trabajar, por ejemplo.

—Me parece muy bien —dijo la hiena—, pero eso durante el día. ¿Y por la noche?

—Estamos tan cansadas, que nada nos apetece tanto como dormir.

—¡Oh! —exclamó la hiena, asombrada, y no pudo continuar la charla, pues el avestruz la cogió de una pata y se pusieron a bailar.

La orquesta tocaba cada vez más alto. Las parejas daban vueltas y más vueltas. Eran tantas, que chocaban unas con otras, y eso les hacía mucha gracia.

Bailaban, reían, hablaban y se gastaban bromas.

Sólo las hormigas permanecían quietas y calladas. Nada las animaba ni las alegraba. Fueron en vano todos los esfuerzos de la hiena. Y, al cabo de un rato, la reina le anunció que se marchaban. Se fueron con el mismo paso y el mismo aspecto serio con que habían llegado.

La hiena las vio retirarse, sintiendo pena por ellas. Tanto, que hasta se puso seria. Entonces descubrió aquello que le resultaba extraño entre las hormigas: no sabían reír...

«Si no saben reír ni divertirse, no me sirven como ejemplo, por muy laboriosas que sean —pensó la hiena—. Ya no deseo parecerme a ellas. Quizá pida consejo y ayuda a otro animal menos fanático. No creo que sea conveniente pensar sólo en trabajar y en almacenar para el invierno. De esa manera desaprovechan el verano y la primavera. Ni tampoco creo que sea saludable desperdiciar una fiesta como ésta.»

Y salió corriendo en busca del avestruz, pues la orquesta tocaba su pieza preferida y ella, con el avestruz de pareja, la bailaba como nadie.

YO QUISIERA VOLAR

*El sendero que
no se acaba es
el de la ilusión.*

Para Alba Palma

—Yo quisiera volar... —se decía el espantapájaros, bien bajito, para que nadie le oyera, y con la ayuda de la brisa inclinaba su cabeza de paja y sus ojos se fijaban en el cielo.

Le atraían las nubes, las estrellas, el sol, la luna, la inmensidad de tonos azules que componen el cielo.

Sabía que era prácticamente imposible acercarse hasta ellos; a pesar de eso, esperaba poder hacerlo.

Él no pretendía convertirse en un pájaro, sobre todo porque se sentía muy a gusto entre las flores silvestres y porque le gustaba su trabajo en el campo. Tampoco sabría estar sin escuchar el canto del río. Todo esto componía su mundo y no quería perderlo. Sólo deseaba dar unas volteretas por el aire y luego regresar.

Pero era tan difícil conseguirlo, por más que lo pensara, que el espantapájaros suspiraba profundamente y volteaba su cabeza hacia el cielo y se lo quedaba mirando como si en silencio le pidiese que le echara una mano.

Así, entre suspiro y suspiro, iban pasando los días, y con ellos las semanas y las estaciones.

Cierta mañana, gris y apagada, el barullo de los truenos hizo que el espantapájaros saliese de sus pensamientos.

«¡Vaya tormenta que se nos viene encima!», pensó moviendo levemente la cabeza para calarse el sombrero.

Casi en seguida surgieron los relámpagos, las gotas de lluvia y el viento. Era un viento tan fuerte, que no dejaba nada quieto. Hacía bailotear los árboles, estremecía las paredes de las casas e, incluso, cogía y llevaba consigo todo aquello que no estaba demasiado firme o bien sujeto a la tierra.

Las manos y el soplo del viento revolvían y desordenaban el paisaje, deshojaban las ramas, maltrataban las flores, arremolinaban el andar de las aguas. Y de pronto, como si sólo entonces lo hubiese visto, arremetió contra el espantapájaros. Le dio tal sacudida, que por poco lo tira de bruces al suelo. Luego le hizo moverse como si fuese el péndulo de un reloj, sin darle sosiego. Finalmente, lo cogió entre sus brazos, arrancándolo de un tirón de la tierra, y se lo llevó a dar un paseo por las praderas del cielo.

El espantapájaros sentía tanto miedo que ni siquiera se daba cuenta de que por fin estaba volando. Pasó un buen rato antes de que se percatara de ello. Entonces, los ojos y la boca se le abrieron muy grandes a causa del asombro y la sorpresa.

—¡Lo he conseguido! —se dijo muy quedo, y, al igual que el viento, iba de un lado a otro, sin parar, como si quisiera estar en todas partes al mismo tiempo.

El hombre de paja, conmovido e impresionado, erguía la cabeza y agitaba los brazos. Era así como volaban los pájaros.

Aspiraba hondo, deseando apoderarse del aroma de la altura por la que tanto había suspirado.

Dio vueltas y más vueltas hasta sentirse mareado. Se posó, entonces, sobre una nube. Como la encontró aún más suave de lo que había imaginado, decidió recostarse un momento en ella antes de seguir volando.

Pero casi en seguida el viento le convenció para que reanudara la marcha. Enfiló entonces hacia el horizonte y pensó que no se detendría hasta alcanzarlo. En esto se topó con unos rayos de sol, suaves y cálidos, que le propusieron jugar a pillarse. El espantapájaros salió corriendo tras ellos dando saltos muy grandes, hasta que surgió una estrella, la primera de la tarde. Él, al verla, se detuvo. Se dio cuenta de que de cerca resultaba todavía más bella, que su brillo y sus guiños eran verdaderamente fascinantes.

—¿Cómo lo haces? —le preguntó el hombre de paja, bastante intrigado.

La estrella le enseñó a guiñar y él se entretuvo abriendo y cerrando los ojos hasta aprenderlo.

Y cuando aparecieron otras estrellas, él también les hizo guiños a modo de saludo.

Y todo resultó muy divertido, hasta que la añoranza le hizo volver la cabeza hacia abajo. Vio su campo, sus parajes, y en aquel mismo instante deseó regresar. Miró a su alrededor, se despidió, y, sin pérdida de tiempo, pues la noche se le venía encima, emprendió el vuelo de regreso.

Lo encontraron a la mañana siguiente tendido sobre la hierba. Su estado era tal, que los campesinos no sabían si conseguirían arreglarlo.

Fueron en busca de paja, tijeras, agujas e hilo y volvieron al poco rato dispuestos a repararlo.

Su trabajo les llevó el dejarlo como nuevo.

—Espero que la tormenta no vuelva a maltratarte —dijo uno de los hombres levantándolo por los brazos para ver cómo había quedado.

«Y si lo hace, no importa —pensó el espantapájaros—. Ha valido la pena. Volar es algo inolvidable.»

ELOBITO: un personaje fantástico

Es preciso tener el paso
suave y ligero para poder
darles alcance a los sueños.

Para M.ª Neus Pérez

A Elobito —pequeño personaje de los sueños—, cada día que pasaba se le notaba más tristón y apagado. Incluso ya casi ni hablaba. Y no era para menos; cualquiera en su lugar hubiera estado apenado, porque, ¡vamos!, es muy duro para un sueño que nadie quiera soñar con él. Y eso era precisamente lo que le sucedía a Elobito. En cuanto aparecía en el escenario de los sueños, los durmientes se rascaban la cabeza, o se restregaban los ojos, o abanicaban el aire con la mano, como si espantaran moscas; entonces daban media vuelta en la cama y buscaban otros sueños con personajes más emocionantes.

Siempre igual: Elobito, por más buena voluntad que pusiera, acababa siendo rechazado.

Al principio, el pequeño se molestaba mucho

cuando le pasaban esas cosas. Luego, poco a poco, se fue acostumbrando a ello y hasta llegó a convencerse de que la culpa era suya, pues él no era bonito, no sabía bailar ni cantar, y su ropa, para colmo, estaba demasiado gastada.

Elobito llegó a entender que la gente no quisiera soñar con él. Con los sueños hermosos que había, ¿para qué perder el tiempo con uno que no tenía gracia? Pero, aunque se esforzaba por comprenderlo, no por ello le dolía menos. Tanto, que, cada noche, después de ir de habitación en habitación intentándolo en vano, pues de todas lo echaban, cabizbajo tomaba las desiertas y solitarias callejuelas rumbo al puerto. Se sentaba en el muelle con las piernecitas colgando y allí se quedaba oyendo la cadencia de las olas, mientras perseguía con la vista el ir y venir de las nubes y miraba las luces de los barcos reflejadas en el agua, aguardando así a que se encendiera el alba para poder marcharse.

Cierta noche en que Elobito, con su paso pequeño y sin prisas, caminaba por las adormecidas callejuelas, la luna, de tan redonda y brillante, le hizo mirar hacia el cielo. Fue entonces cuando descubrió, en una buhardilla muy alta, una ventana iluminada, señal de que aún alguien estaba despierto.

Elobito se extrañó, pues ya era muy tarde. Se sentó en el bordillo de la acera a esperar a que apagaran la luz. Cuando la habitación quedase a obscuras subiría a visitar a esa persona que todavía estaba despierta mientras a otras les faltaba poco para levantarse. Pero el alba comenzó a asomarse antes de que la luz se apagara. Elobito tuvo que marcharse, y lo hizo bastante intrigado. Por eso a la noche siguiente montó guardia desde la acera sin dejar de mirar la ventana. Nuevamente los destellos del amanecer le obligaron a retirarse sin que pudiese descubrir nada, pues a través de los cristales continuaba viéndose la habitación iluminada.

Y noche tras noche sucedía lo mismo.

Finalmente, cuando la curiosidad le pesaba ya más que un saco repleto de piedras, Elobito decidió subir, aunque la luz estuviese encendida, para echar un vistazo y enterarse por qué en esa buhardilla no se dormía.

Penetró en la habitación en silencio, como las sombras, y se sentó en un rincón. Con los ojos bien abiertos se quedó mirando al hombre que, con las manos cogidas en la espalda, caminaba de un lado a otro mientras hablaba en voz baja.

Elobito, prestando mucha atención a las palabras del hombre y leyendo los manuscritos y las cartas que había sobre la mesa de trabajo, pudo descubrir unas cuantas cosas bastante interesantes: el hombre —Opoldeo se llamaba— era un escritor sin fortuna y sin libros publicados, al que todas las editoriales rechazaban sus originales. Y como eso de escribir era para él muy importante, se negaba a buscar otra ocupación, aunque, tal y como estaban las cosas, si el destino no le echaba una mano, Opoldeo corría el peligro de enfermar, pues tenía tan pocos recursos que hasta pasaba hambre.

Pese a ello, él no renunciaba. Permanecía las noches en vela pensando y buscando ideas ingeniosas, frases y personajes imaginarios con qué construir sus relatos. Y una sola idea o una imagen que se le ocurriera, si lograba emocionarle, bastaba para justificar todas las vicisitudes por las que pasaba.

Elobito, aunque por fin había descubierto lo que tanto le intrigaba, no parecía demasiado dispuesto a marcharse. Continuaba entre los papeles recorriendo las frases como los ojos de un lector atento.

—¡Oye! ¿Qué haces? —preguntó Opoldeo mientras se acercaba a grandes pasos.

Elobito se sorprendió. «Soy un sueño —pensó—, y a los sueños sólo se los ve con los ojos cerrados.» Pero es que él no sabía que Opoldeo también tenía la rara costumbre de soñar despierto.

—Sal de ahí —le pidió el hombre—. Con el trajín que te traes, acabarás desordenándome las palabras.

De puntillas, con cuidado de no pisar siquiera un punto ni un acento, Elobito bajó de la hoja y se sentó en el borde de un vaso de cristal, lleno de lapiceros, que había sobre la mesa.

El hombre cogió una silla y se sentó frente a él. Encendió la pipa y, alisándose los desordenados cabellos, preguntó:

—¿Tampoco tienes sueño?

—No —respondió el pequeño—. Estoy acostumbrado a pasarme la noche yendo de un lado a otro.

—En eso nos parecemos.

Elobito asintió y, rápidamente, como suelen hacerlo los sueños, se puso de pie y le pidió que le leyese alguno de sus cuentos.

El hombre abrió la carpeta, acercó la lámpara y comenzó a leer.

Así nació la amistad, que noche a noche se hizo más intensa, entre el escritor y el pequeño personaje.

Elobito podía pasarse horas enteras escuchando los relatos que Opoldeo había escrito, y cuando el alba se anunciaba, a desgana se preparaba a marcharse pensando que el tiempo había corrido demasiado rápido.

También Opoldeo lamentaba que su amigo tuviera que irse, pues disfrutaba mucho con su compañía. Le gustaban las ocurrencias de Elobito, las aventuras que le contaba, la postura y el gesto que adoptaba al escucharle.

Le encontraba tan encantador y diferente, que sintió deseos de escribir un libro usándolo como protagonista, y en caso de que le gustara había pensado regalárselo.

Sin pérdida de tiempo se puso de lleno a la tarea.

Como quería que fuese una sorpresa, se cuidó muy bien de comentárselo a su amigo. Sólo al acabarlo se lo haría saber.

Tuvo que mantener el secreto más de dos largos meses, hasta que, por fin, la obra quedó terminada. Entonces, en cuanto Elobito hubo llegado, le pidió que se sentara y comenzó a leérsela.

El pequeño le escuchó con gesto atento. De sus ojos salían destellos como si éstos fuesen estrellas.

El libro le entusiasmó, pensando incluso que era lo más bonito que Opoldeo había escrito, pero no lo aceptó como regalo. Le explicó al hombre que el cuento era demasiado hermoso y que le haría sentirse egoísta el guardarlo para él solo. Le dijo que la gente merecía la alegría de poder leerlo.

Tanto insistió el pequeñín, que Opoldeo tuvo que prometerle que se lo llevaría a un editor.

El libro se publicó inmediatamente, y el éxito fue tal, que Opoldeo pasó a ser considerado como un gran escritor. Su personaje, Elobito, se volvió tan popular, que la gente deseaba poder soñar con él.

Eso, al pequeño, le hacía mucha ilusión, y por ello cada noche visitaba un par de habitaciones. Pero donde se lo pasaba mejor era en la buhardilla con Opoldeo, porque eran amigos y porque resulta mucho más divertido estar con alguien que también sueña despierto.

ÍNDICE

OTROS TÍTULOS EN LA COLECCIÓN «JUVENTUD-2»

La guía fantástica
por Joles Sennell. Ilus. de Horacio Elena.

Érase una vez,
por Joles Sennell. Ilus. de Rita Culla.

El nudo,
por Montserrat del Amo. Ilus. de María Rius.

Agenor, el robot,
por M. González-Haba. Ilus. de José María Lavarello.

Cuentos de Ibiza,
por Alicia Martínez. Ilus. de Marta Balaguer.

Los reportajes de Chepa Rulo,
por Robert Escarpit. Ilus. del autor.

Las peripecias de los héroes,
por Oriol Vergés. Ilus. por Miquel Sitjar.

Duschka, mi amor,
por Hildegard Loeffler. Fotos de Annelise Loeffler

Los héroes en la selva,
por Oriol Vergés. Ilus. por Miquel Sitjar.